カッパが怒った日

ヴァーツラフ・ベドジフ、ボフミル・シシュカ え
ヴァーツラフ・ベドジフ、ヴァーツラフ・チュトブルテク ぶん
かい みのり やく

まつの木をあかい花がいろどりはじめると

森の精は　たねを飛ばすために

まつのえだを　ふかなければなりません。

フー　フフー　フー　フフー

りんごのようなほっぺをふくらませ

けんめいに　いきをおくる　アマールカが

あまりに　あいらしいので

かぜがちょっかいをだしてきます。

ビューン　ビュン　ゴーウ　ゴウ

「やめて、かぜさん。

まつぼっくりが　そだたなくなるわ」

そこへやってきたのは　粉屋の"ぼうしパン"

しょくパンがたの　ぼうしを　空になげて

かぜを　めかくししてしまいました。

「これじゃあなにもできやしない！

きっと、しかえししてやるぞ！」

「ありがとう　ぼうしパンさん」

「ごきげんよくやるんだよ　アマールカ」

手をふりながら　ふたりともにっこり。

そのころ、川のなかではカッパが

たましいを手にいれる方法を

かんがえていました。

「もっといいたましいはないものかねぇ」

そのときです。

パチャパチャと

かぜがみなもをノックしました。

「なんのようだい」

水からひょいと　かおをだし、

カッパがかぜにたずねます。

「いいたましいがあるよ、あかい水車の粉屋のさ」

かぜが　カッパをそそのかします。

「よしきた、すぐにあんないしてくれよ」

カタカタカタカタ

水車が音をたてています。

そこへカッパがやってきて、

じゅもんを　となえ

水車も水も　とめてしまいました。

「どうなっているんだ！」

水車がとまり、粉をひくことが

できなくなってしまった　ぼうしパンは

ようすをみるために　水路をのぞきにいきました。

まちかまえていたのは　魚（さかな）にばけたカッパです。

「やや、おかしな魚（さかな）がいるぞ。　おまえのしわざだな」

ぼうしパンが　あみで魚（さかな）をつかまえようとすると

ドロン！カッパはもとのすがたにもどり

ぼうしパンを　水のなかへ

ひきずりこもうとひっぱります。

カッパとぼうしパンは、

おしあいへしあい　さあたいへん。

そこへ　かけつけたアマールカは、

力いっぱいぼうしパンをひっぱり

やっとのおもいで　たすけました。

「いたずらなカッパね、こらしめてやらなくちゃ」

アマールカは　ぼうしパンのぼうしにのって

カッパのいえのま上につくと、長いぼうをさしいれ、

カッパがあつめていた、たましいを

ぜんぶ　にがしてしまいました。

じゆうになった、たましいたちは

ひゅるひゅると　天にのぼっていきます。

そのうちのひとつが　アマールカに忠告しました。

「気をつけて、怒ったカッパが　やってくるよ」

今度は　アマールカとカッパの

追いかけっこがはじまりました。

けれども、水のなかでは

カッパが ゆうりにきまっています。

カッパの手が　アマールカのながい髪にふれた

そのとき・・・

ドカーン！

ぼうしパンが　なげたつぼが

カッパのあたまにいきおいよくぶつかり、

みるみるおおきくなって　カッパをとじこめ

水のなかへ　しずんでいきました。

それは、カッパが水車にわすれていった

たましいをいれるための　つぼでした。

ふたたび 陽気な音をたてはじめた水車のまえで

アマールカは　ぼうしパンのために

ありがとうのダンスを　おどりました。

アマールカ　カッパが怒った日（1973年製作）
原案・脚本　ヴァーツラフ・チュトブルテク　　監督・脚本　ヴァーツラフ・ベドジフ
美術　ヴァーツラフ・ベドジフ、ボフミル・シシュカ　　絵本版日本語訳　甲斐みのり

アマールカ絵本シリーズ⑤『カッパが怒った日』

2012年8月21日　初版第1刷発行

発行人　大谷秀政（LD&K Inc.）　　発行元・発売元　株式会社LD&K　　www.ldandk.com　　FAX:03-5464-7412
デザイン　栗谷川舞（STUBBIE Ltd.）　　編集　小林祐子（LD&K Inc.）　　印刷　大日本印刷株式会社
企画・制作 プロデューサー　谷口周平（LD&K Inc.）・眞部学（アットアームズ）　　協力　アットアームズ・HORIPRO
©Licence provided by Czech Television B.Siska and V.Bedrich Master licensee in Japan, AT ARMZ
©2012 LD&K BOOKS/LD&K Inc. printed in Japan　ISBN978-4-905312-26-0

アマールカ公式ホームページ　http://www.amalka-project.com